AF326285

Grande voirie

# Résumé

de la Législation et de la Jurisprudence
en matière de grande voirie pour la répression
des Contraventions sur les Routes et
voies de terre.

(Routes Impériales & Départementales)

1863

# 1re Partie

## Tableau par ordre alphabétique

des Principales Contraventions, avec indication des pénalités qui s'y rapportent et les arrêtés, lois, décrets ou ordonnances qui les ont édictées

| N° d'ordre | Nature des Contraventions | Arrêtés, lois, décrets ou ordonnances | Pénalités | Observations et Notes explicatives. |
|---|---|---|---|---|
| 1 | Alignements — Construction ou reconstruction sans autorisation de bâtiments quelconques situés le long des Routes Impériales ou Départementales dans les traverses des villes, bourgs, villages et en rase campagne. — Réparations quelconques aux faces desdites maisons. — Construction d'échoppes ou de choses saillantes. | Arrêt en Conseil du 2 février 1765, rappelant les articles 4 et 12 de l'Ordonnance du Bureau des Finances de Paris du 29 mai 1784. <br><br> Loi du 23 mars 1842 | Amende de . . . . 300f <br><br> Minimum . . . . . 16f <br> Démolition des ouvrages | Lorsque les ouvrages exécutés ne sont point en saillie, ou s'ils n'ont point un caractère consécutif il n'y a pas lieu de requérir la démolition, mais seulement la condamnation à l'amende et aux frais de l'instance. <br> D'après la jurisprudence actuelle du Conseil d'État, il n'y a contravention que si les bâtiments auxquels se rapportent les travaux exécutés sont le long et joignant la Route. <br> Toute construction en arrière des alignements fixant les limites de la Route n'est pas soumise aux Règlements de la Grande voirie. — Même quand il n'y a pas de plan d'alignement régulièrement approuvé, il suffit qu'il résulte de l'instruction que les constructions auxquelles se rapportent les travaux exécutés sont en dehors des limites de la Route. (Ordonnance du 18 mai 1844.) <br> L'Administration des Ponts & Chaussées a toujours combattu sur ce point la jurisprudence du Conseil d'État et elle maintient la doctrine contraire, c'est-à-dire que les Règlements de la Grande voirie s'appliquent à toutes les maisons ou héritages bordant la voie publique même en dehors des limites assignées à la Route proprement dite. <br> Dans l'état actuel de la question, les Ingénieurs doivent se ranger à la doctrine de l'Administration, qui paraît conforme à l'esprit des anciens Règlements, et déférer au Conseil de Préfecture toute contravention commise le long des traverses des Routes Impériales et Départementales, mais en faisant connaître néanmoins si les travaux qui font l'objet de la contravention se rapportent à des constructions joignant ou non les alignements formant les limites de la Route proprement dite. |
| 2 | Anticipation sur la largeur de la Route par labour ou tout autre moyen que ce soit | Arrêt du Conseil du 17 juin 1721 <br> Ordonnance du Roi du 4 août 1731 <br> Loi du 23 mars 1842 | Amende de . . . . 300f <br> Minimum . . . . 25f | Il y a lieu de requérir, — outre la condamnation à l'amende et aux frais de l'instance : — la restitution du terrain usurpé, et, s'il y a un dommage ou dégradations causées à la Route, la cessation du dommage ou la réparation des dégradations aux frais des contrevenants. <br> Néanmoins l'amende, étant prononcée à titre de dommages-intérêts, peut comprendre la réparation du dommage (Arrêt du Conseil d'État du 16 février 1853). |

| N° d'ordre | Nature des Contraventions | Arrêtés, lois, décrets ou Ordonnances | Pénalités |
|---|---|---|---|
| 3 | **Arbres.** — Destruction ou arrachage sans autorisation, par les propriétaires riverains, — d'arbres faisant partie d'une plantation régulière établie sur leur terrain. | Décret du 16 décembre 1811 (art. 101) | Amende du triple de la valeur des arbres |
| 4 | **Arbres.** — Destruction, bris ou abattage d'arbres faisant partie d'une plantation régulière établie le long de la Route sur les propriétés riveraines. | Arrêt du Conseil du 3 mai 1720 Loi du 23 mars 1842 | Amende de . . . . . 60ᶠ Minimum . . . . 16ᶠ |
| 5 | **Arbres.** — Destruction ou détérioration d'arbres plantés sur les Routes | Loi des 2 septembre - 6 octobre 1791 (art. 43) | Amende triple de la valeur des arbres abattus ou détériorés. |
| 6 | **Arbres.** — Élagage sans autorisation par les propriétaires riverains d'arbres faisant partie d'une plantation régulière établie en leur terrain. | Décret du 16 décembre 1811 (art. 105) | Réparation du dommage |
| 7 | **Arbres.** — Refus par un propriétaire riverain de se conformer à un arrêté préfectoral ordonnant l'élagage des arbres et haies situés le long des Routes | Loi du 29 floréal an X | Exécution de l'élagage aux frais du contrevenant |

## Observations et Notes explicatives.

D'après la jurisprudence du Conseil d'État, l'article 101 du Décret du 16 décembre n'est applicable qu'aux plantations faites par ordre et dans l'intérêt de la Route sur les propriétés riveraines, conformément aux prescriptions de la 2ᵉ Section de ce Décret. — Il n'y a pas contravention lorsqu'il s'agit de plantations faites par les particuliers dans leur intérêt et pour l'aménagement de leurs propriétés : Dans ce cas les propriétaires peuvent disposer entièrement de ces arbres sans autorisation (Loi du 9 ventôse an XIII, art. 5)

—————

(La destruction, le bris ou la mutilation des arbres plantés sur les Routes ou le long des Routes constituent en outre un délit qui doit être déféré aux tribunaux ordinaires et donnent lieu à l'application des peines prononcées par les articles 445, 446, 448 & 455 du Code Pénal)

—————

L'art. 104 du Décret du 16 décembre 1811 ne fixe pas de pénalités, mais il y a lieu de requérir la réparation du dommage causé aux frais du contrevenant, dommage qui est au moins égal à la valeur du bois abattu.

Ici encore il n'y a contravention que si les arbres font partie d'une plantation faite par ordre et dans l'intérêt de la Route, conformément aux dispositions de la 2ᵉ Section du Décret du 16 décembre 1811 (Voir ci-dessus art 3)

—————

Le refus par un propriétaire riverain de se conformer à un arrêté préfectoral ordonnant l'élagage des arbres et haies plantés par lui sur son terrain et dans l'intérêt de sa propriété constitue une contravention de simple police, dont la connaissance et la répression n'appartiennent pas au Conseil de Préfecture — La contravention doit donc être déférée au Juge de Paix du Canton. (Arrêt du Conseil d'État du 6 août 1861)[a]

Mais si du fait du refus d'élagage résulte un dommage pour la Route, ce dommage constitue une contravention de grande voirie qu'il appartient au Conseil de Préfecture de réprimer et de faire cesser en ordonnant l'élagage aux frais du propriétaire (Arrêt du 5 juillet 1851.)

—————

[a] La jurisprudence de la Cour de Cassation est contraire à celle du Conseil d'État : Elle considère le refus d'élagage le long des Routes comme une contravention de grande voirie qui est de la compétence du Conseil de Préfecture et pour laquelle il peut appliquer l'amende prononcée par l'article 471 § 15 du Code Pénal (Arrêt du 25 juin 1859)

| N.º d'ordre | Nature des Contraventions | Arrêts, lois, décrets ou ordonnances. | Pénalités |
|---|---|---|---|
| 8 | **Bestiaux**. — Abandon ou pâturage de bestiaux sur les bords des Routes plantées d'arbres ou de haies vives. | Arrêt du Conseil du 16 décembre 1759<br>Loi du 23 mars 1842 | Amende de . . . 100.ᶠ<br>Minimum . . . 16.ᶠ |
| 9 | **Bestiaux**. — Abandon ou pâturage de Bestiaux sur les accotements et dépendances d'une Route non plantée. | Loi des 2 septembre - 6 octobre 1791 (art. 40) | Amende de 3.ᶠ à 24.ᶠ<br>Réparation du dommage |
| 10 | **Bornes**. — Abattage de bornes défendant les accotements, murs de soutènement et parapets des Ponts. — Destruction des parapets. | Ordonnance du Roi du 4 août 1731<br>Loi du 23 mars 1842 | Amende de . . . 500.ᶠ<br>Minimum . . . 25.ᶠ |
| 11 | **Carrières**. — Ouverture de carrières et exploitation à ciel ouvert ou par galeries souterraines à moins de trente toises (58.ᵐ 47) de la ligne des plantations ou des bords de la Route. | Arrêts du Conseil des 14 mars 1741 & 5 avril 1772<br>Loi du 23 mars 1842 | Amende de . . . 300.ᶠ<br>Minimum . . . 16.ᶠ |
| 12 | **Carrières**. — Trouble ou empêchement apporté à l'exploitation d'une carrière désignée au Devis, ou au transport des matériaux. | Arrêts du Conseil des 22 juin 1706 et 7 septembre 1772<br>Loi du 23 mars 1842 | Amende de . . . 500.ᶠ<br>Minimum . . . 16.ᶠ |

## Observations et Notes explicatives

S'il y a eu dommage ou dégradations causées à la Route, il y a lieu de requérir, — outre la condamnation à l'amende et aux frais de l'instance, — la réparation du dommage aux frais du contrevenant.

---

Le fait de l'abandon ou du pâturage de Bestiaux sur une Route non plantée ne constitue une contravention que s'il y a eu dommage ou dégradations causées à la Route ou à ses dépendances. Il y a lieu dans ce cas de faire constater le dommage, de requérir l'amende prononcée par l'art. 40 de la loi des 2 septembre - 6 octobre 1791, et la réparation du dommage causé aux frais du contrevenant. Le Conseil de Préfecture doit dans tous les cas prononcer au moins la réparation du dommage causé (Arrêt du Conseil d'État du 14 décembre 1853)

---

Il y a lieu de requérir en outre la réparation du dommage et le rétablissement des bornes ou parapets dans leur état primitif aux frais du contrevenant. — Néanmoins l'amende, étant prononcée à titre de Dommages-intérêts, peut comprendre la réparation du dommage (Arrêt du Conseil d'État du 16 février 1853)

---

Il y a lieu de requérir en outre le rétablissement des lieux dans leur état primitif aux frais du contrevenant

---

(Si l'empêchement est accompagné de voies de fait, il constitue un délit dont la répression appartient aux Tribunaux ordinaires et qui est passible des peines édictées à l'art. 438 du Code Pénal)

---

| N.º d'ordre | Nature des Contraventions | Arrêts, lois, décrets ou ordonnances | Pénalités |
|---|---|---|---|
| 13 | **Dégradations** aux Routes et à leurs Dépendances : | | |
| | — 1.re Fouilles sur le sol de la Route - Comblement des Fossés. | Arrêt du conseil du 17 juin 1721<br>Loi du 23 mars 1842 | Amende arbitraire<br>Maximum . . . . . 300f<br>Minimum . . . . . 16f |
| | — 2.e Comblement des Fossés. — Abattage des berges. | Ordonnance du 4 Août 1731<br>Loi du 23 mars 1842 | Amende de . . . . 500f<br>Minimum . . . . 25f |
| | — 3.e Dégradations ou détériorations aux Routes ou à leurs dépendances, de quelque nature qu'elles soient | Loi des 2 septembre - 6 octobre 1791 (art. 40) | Amende depuis 3f jusqu'à 24f<br>Réparation du dommage |
| 14 | **Dégradations** quelconques aux Routes et à leurs dépendances du fait des voitures circulant sur ces Routes, par la faute, la négligence ou l'imprudence du Conducteur | Loi du 30 mai 1861 | Amende de 3 à 50 frs |
| 15 | **Dépôts** de gravois, fumiers, immondices et autres empêchements au passage public. | Arrêt du Conseil du 17 juin 1721 et Ordonnance du Roi du 4 août 1731<br>Loi du 23 mars 1842 | Amende de . . . 500f<br>Minimum . . . . 25f |

## Observations & Notes explicatives

Il y a lieu de requérir, — outre la condamnation à l'amende et aux frais de l'instance — la réparation du dommage et le rétablissement des lieux dans leur premier état aux frais du contrevenant. — Néanmoins l'amende, étant prononcée à titre de Dommages-intérêts, peut comprendre la réparation du dommage (Arrêt du Conseil d'État du 16 février 1853)

Cet article comprend les dommages et dégradations de toute nature qui peuvent être faits à la Route et à ses Dépendances. — Travaux ayant pour résultat de faire refluer les eaux sur la Route (Ordonnances du Conseil d'État des 2 février 1844 et 24 août 1858); — Fermeture d'un aqueduc sans autorisation (17 avril 1859); — Fermeture d'une barbacane (9 Juillet 1861); &c. &c. — Quelle que soit la nature de la dégradation ou du dommage causé, les Ingénieurs doivent toujours requérir, — outre la condamnation à l'amende prononcée par l'art. 40 de la loi des 2 septembre et 6 octobre 1791, — la réparation du dommage et le rétablissement de la Route dans son premier état aux frais du Contrevenant. Le Conseil de Préfecture, même s'il ne prononce pas d'amende, doit ordonner la réparation du dommage et le rétablissement des lieux dans leur état primitif aux frais du contrevenant.

Les dégradations commises aux ouvrages d'art sont également comprises dans cet article et entraînent, dans tous les cas, la réparation du dommage aux frais du contrevenant (Si ces dégradations présentent une certaine gravité et ont le caractère de destruction ou de mutilation, elles constituent un délit dont la répression appartient aux tribunaux ordinaires et qui est passible des peines édictées aux articles 257 § 437 du Code Pénal)

Une dégradation à un ouvrage d'art, même involontaire et causée par un événement fortuit, constitue une contravention de grande voirie qui entraîne nécessairement la condamnation à la réparation du dommage causé (ordonnance du 28 janvier 1841)

---

Le propriétaire de la voiture est responsable des amendes et frais de réparation prononcés contre le Conducteur (Art. 13 de la même loi)

Outre la condamnation à l'amende et aux frais de la poursuite, les Ingénieurs doivent toujours requérir la réparation du dommage aux frais du contrevenant —

---

Si les dépôts faits sur la Route ou les autres empêchements apportés à la circulation ont causé des dégradations à la Route, il y a lieu, — outre la condamnation à l'amende et aux frais de poursuite, — de requérir la réparation du dommage aux frais du contrevenant. — Néanmoins l'amende, étant prononcée à titre de Dommages-intérêts, peut comprendre la réparation du dommage (Arrêt du Conseil d'État du 16 février 1853)

Cet article s'applique à l'abandon de voitures sur la voie publique (Arrêt du Conseil d'État du 15 mai 1848)

---

| N° d'ordre | Nature des Contraventions | Arrêts, lois, décrets ou ordonnances | Pénalités |
|---|---|---|---|
| 16 | **Forêts**. — Exploitation des forêts le long des Routes au moyen de glissoires sans avoir pris les précautions nécessaires pour la sûreté des Voyageurs, la liberté de la circulation, la conservation de la Route. | Ordonnance de l'Intendant du Comté de Bourgogne en date du 26 décembre 1787 — Loi du 23 mars 1842 | Dommages intérêts — Amende de . . 300ᶠ — Minimum . . . 16ᶠ |
| 17 | **Passages** — Ouverture de passages entre les arbres et sur les fossés des Routes autres que ceux disposés pour cet usage par les voituriers chargés des transports des matériaux provenant des carrières ouvertes le long de la Route | Arrêt du Conseil du 5 avril 1772 — Loi du 23 mars 1842 | Amende de . . 500ᶠ — Minimum . . 25ᶠ |
| 18 | **Plantation** d'arbres à moins de six pieds (2ᵐ00) des fossés ou des berges de la Route | Ordonnance du Roi du 4 août 1731 — Loi du 23 mars 1842 | Amende de . . 500ᶠ — Minimum . . . 25ᶠ |
| 19 | **Plantation** d'arbres ou de haies vives à moins de six pieds (2ᵐ00) des fossés, et à cinq toises (10ᵐ00) du pavé quand il n'y a pas de fossés. | Arrêt du Conseil du 17 juin 1721 — Loi du 23 mars 1842 | Amende arbitraire — Maximum . . . 300ᶠ — Minimum . . . 16ᶠ |
| 20 | **Plantations** — Refus ou négligence de remplacer les arbres faisant partie d'une plantation régulière le long de la Route, dont un arrêté préfectoral a autorisé l'arrachage avec condition de remplacement immédiat. | Décret du 16 décembre 1811 (art. 97) | Amende d'un franc par pied d'arbre. — Remboursement des frais de plantation. |
| 21 | **Ponts**. — Dégradations quelconques aux Ponts | Ordonnance de l'Intendant du Comté de Bourgogne du 4 novembre 1781 — Loi du 23 mars 1842 | Amende de . . . 300ᶠ — Minimum . . . 16ᶠ |

## Observations et Notes explicatives

S'il y a eu dommage ou dégradations causés à la Route, les Ingénieurs doivent requérir en outre la réparation du dommage aux frais du contrevenant—

---

Il y a lieu de requérir en outre la réparation des dégradations ou dommages causés aux dépendances et aux plantations de la Route.

---

Outre la condamnation à l'amende et aux frais de l'instance, les Ingénieurs doivent requérir que le Conseil de Préfecture ordonne l'enlèvement des arbres et des haies objets de la contravention; et, s'il y a eu des dégradations causées à la Route ou à ses dépendances, la réparation du dommage aux frais du contrevenant—

---

On doit requérir en outre et le Conseil de Préfecture doit prononcer l'exécution de la plantation d'office et aux frais du contrevenant—

---

Il y a toujours lieu de requérir en outre la réparation du dommage causé aux frais du contrevenant—

---

| N° d'ordre | Nature des Contraventions | Arrêts, lois, décrets ou Ordonnances | Pénalités |
|---|---|---|---|
| 22 | **Poteaux indicateurs.** — Destruction ou détérioration des poteaux indicateurs, pyramides, croix &c, placés à la sortie des Routes. — Biffage des inscriptions & marques. | Ordonnance du 13 août 1669 (Titre XXVIII. art 6) — Loi du 23 mars 1842 | Amende de . . . 300f — Minimum . . . 16f |
| 23 | **Réglements de voirie.** — Refus ou négligence d'exécuter les Réglements de voirie ou d'obéir à la sommation de réparer ou démolir les édifices menaçant ruine sur la voie publique | Loi des 19-22 juillet 1791, art. 18. Modifié en ce qui touche le maximum de l'amende par le décret du 31 juillet 1806 (art. 2) | Amende depuis 6f jusqu'à 200f |
| 24 | **Sable.** — Ramassage de sable sur les Routes | Ordonnance de l'Intendant du Comté de Bourgogne du 6 octobre 1756 — Loi du 23 mars 1842 | Amende de . . . 300f — Minimum . . . 16f |
| 25 | **Travaux.** — Trouble apporté à l'exécution des travaux publics. | Arrêt du Conseil du 17 juin 1721 — Loi du 23 mars 1842 | Amende arbitraire — Maximum . . . 300f — Minimum . . . 16f |

*Observations et Notes explicatives.*

Il convient de requérir en outre la réparation ou le rétablissement des poteaux indicateurs aux frais du contrevenant

---

Il y a lieu de requérir en outre la démolition ou la réparation des bâtiments d'office et aux frais du contrevenant.

(Cet article paraît pouvoir s'appliquer au refus d'acquitter la taxe d'un bureau de péage)

(Le Conseil de Préfecture n'est pas compétent pour connaître des contraventions de simple police, et il ne peut, dès lors, appliquer les peines prononcées par l'art. 471 du Code Pénal (arrêts du Conseil d'État des 6 janvier 1858 et 6 août 1861)

---

S'il y a eu dommage causé à la Route, on doit requérir en outre la réparation du dommage aux frais du contrevenant

---

S'il y a eu dommage matériel et dégradations causées aux travaux, les Ingénieurs doivent requérir en outre la réparation du dommage aux frais du contrevenant.

(Si le trouble apporté à l'exécution des travaux est accompagné de voies de fait, il constitue un délit dont la connaissance appartient aux tribunaux ordinaires et qui est passible des peines édictées à l'article 438 du Code Pénal)

---

# Note générale s'appliquant à toutes les Contraventions.

Il y a toujours lieu de requérir la condamnation aux frais de l'instance, et le Conseil de Préfecture doit la prononcer toutes les fois qu'il donne suite à la contravention, quand bien même il ne condamne qu'à la réparation du dommage sans prononcer d'amende.

Avril

2
Avril

Avril

Avril

# 2ᵉ Partie.

## **Extraits** des Arrêts, Décrets, Lois & Ordonnances concernant la Grande voirie

### 1° Contraventions & Pénalités

**– Août 1669**
Ordonnance des Eaux & Forêts
enregistrée le 13 dudit mois

Titre XXVIII, Article 6. — Ordonnons que dans les angles, ou coins des places croisées, trivoires et biivaires qui se rencontrent ès grandes routes et chemins royaux des forêts, nos officiers des maîtrises feront incessamment planter des croix, poteaux ou pyramides à nos frais, ès bois qui nous appartiennent, et pour les autres aux frais des villes plus voisines et intéressées, avec inscriptions et marques apparentes du lieu où chacun conduit, sans qu'il soit permis à aucunes personnes de rompre, emporter, lacérer ou biffer tels croix, poteaux, inscriptions et marques, à peine de trois cents livres d'amende et de punition exemplaire.

**22 Juin 1706**
Arrêt du Conseil du Roi

....... Fait Sa Majesté défenses auxdits propriétaires de porter aucuns troubles ni empêchements auxdits entrepreneurs dans la recherche & transport desdites pierres, grès, paré & sable, à peine de tous dépens, dommages et intérêts, ni de se pourvoir ailleurs que par devant lesdits sieurs commissaires départis : ou lesdits trésoriers de France, à peine de cinq cents livres d'amende et sera le présent arrêt, ensemble leurs ordonnances qui interviendront sur ce, exécutés nonobstant oppositions ou appellations quelconques, dont, si aucunes interviennent, Sa Majesté s'en est réservé la connaissance

**3 mai 1720**
Arrêt du Conseil du Roi

Art. 8. — Fait Sa Majesté défense à toutes personnes de rompre, couper ou abattre lesdits arbres, à peine pour la première fois de soixante livres d'amende, applicables un tiers au propriétaire, l'autre à l'hôpital plus prochain du lieu où le délit aura été commis, et l'autre tiers au dénonciateur, et pour la récidive à peine du fouet

**17 Juin 1721**
Arrêt du Conseil du Roi

....... Fait Sa Majesté défense à tous particuliers, même à tous seigneurs, sous prétexte du droit de justice ou de voirie, de troubler les Entrepreneurs dans leurs travaux, combler lesdits fossés et de labourer ou faire labourer en dedans de la largeur bornée par lesdits fossés, d'y mettre aucuns fumiers, décombres et autres immondices, soit en pleine campagne ou dans les villes, bourgs et villages où passent lesdites chaussées, d'y faire aucunes fouilles, ni de planter des arbres ou haies vives, sinon à six pieds de distance des fossés séparant les chemins de leurs héritages, et à cinq toises du pavé où il ne se trouvera pas encore de fossés de fait ; le tout à peine d'amende contre les contrevenants, même de confiscation des fumiers, chevaux et équipages.

14 août 1731
Ordonnance du Roi

...... Fait Sa Majesté itérative défense à tous gravatiers, laboureurs, vignerons, jardiniers et autres de combler les fossés et d'abattre les berges qui bornent la largeur des grands chemins, et d'anticiper sur cette largeur par leurs labours ou autrement de quelque manière que ce soit ; de planter aucuns arbres à une moindre distance que celle de six pieds du bord extérieur desdits fossés ou berges, de décharger aucuns gravois, fumiers, immondices et autres empêchements au passage public ; tant sur les chaussées séparées et sur les chemins de terre que sur les ponts et dans les rues des bourgs et villages, d'abattre aucunes bornes mises pour empêcher le passage des voitures sur les accotements des chaussées, celles qui défendent les murs de soutènement et les parapets des ponts, non plus que lesdits parapets ; le tout à peine de confiscation des chevaux, voitures et équipages, et de cinq cents livres de dommages-intérêts contre chacun des contrevenants, applicables comme dessus, et en outre de prison pour ceux qui seraient pris sur le fait, de toutes lesquelles condamnations lesdits maîtres desdites voitures demeureront civilement garantis et responsables .......

14 mars 1741
Arrêt du Conseil d'État

...... Fait en conséquence très-expresses défenses ......, à tous Carriers et autres Particuliers, dans toute l'étendue du Royaume, d'ouvrir aucunes Carrières de pierre de taille, moëllon, glaise, marne ou autres, de quelque espèce que ce soit, sur les bords et côtés des routes et grands chemins, sinon à trente toises de distance du bord ou extrémité de la largeur qu'auront lesd. chemins, ou qu'ils doivent avoir suivant la disposition des Ordonnances et derniers Réglements ; lequel bord sera mesuré du pied des arbres, lorsqu'il y en aura de plantés au long desdits chemins, à la distance réglée par l'Arrêt du 3. May 1720. Et lorsqu'il n'y aura ni arbres ni fossés, lesdites carrières ne pourront être fouillées qu'à trente deux toises de l'extrémité de la largeur ; le tout à peine de trois cents livres d'amende, confiscation des matériaux, outils et équipages, et de tous dépens, dommages et intérêts. — Fait Sa Majesté pareilles défenses auxdits Carriers ou autres Particuliers qui ouvriront des Carrières à la distance des grands chemins, permise par le présent Arrêt, de pousser les rameaux ou nés desdites Carrières du côté desd. chemins, même de soucherer tant soit peu au-dessus de leurs fouilles le solide du terrain dont Sa Majesté veut qu'elles soient séparées de la voye publique ; le tout sous les mêmes peines d'amende et de confiscation, et en outre de punition exemplaire...

7 Septembre 1755
Arrêt du Conseil d'État

Art. 1er. — Les arrêts du Conseil des 3 octobre 1667, 3 décembre 1672 et 22 juin 1706 seront exécutés selon leur forme et teneur ; en conséquence, les entrepreneurs de l'entretien du pavé de Paris, ainsi que ceux des autres ouvrages ordonnés pour les ponts, chaussées & chemins du royaume, tierciei et levée des rivières de Loire, Cher et Allier, et autres y affluentes, pourront prendre la pierre, le grès, le sable et autres matériaux pour l'exécution des ouvrages dont ils sont adjudicataires, dans tous les lieux qui leur seront indiqués par les devis & adjudications desdits ouvrages, sans néanmoins qu'ils puissent — les prendre dans des lieux qui seront fermés de murs, ou autre clôture équivalente, suivant les usages du pays. Fait Sa Majesté défenses aux seigneurs ou propriétaires desdits lieux non clos, de leur apporter aucun trouble ni empêchement, sous quelque prétexte que ce puisse être, à peine de toute perte, dépens, dommages et intérêts, — & même d'amende et de telle autre condamnation qu'il appartiendra, selon l'exigence des cas, sauf néanmoins auxdits seigneurs & propriétaires à se pourvoir contre lesdits entrepreneurs pour leur dédommagement, ainsi qu'il sera réglé ci-après....

**6 octobre 1756**
Ordonnance de l'Intendant du
Comté de Bourgogne

...... En conséquence faisons itératives défenses à tous Particuliers de ramasser le sable des Routes, et d'y faire, sous quelque prétexte que ce puisse être, aucuns creux ni fouilles, à peine de **300 liv.** d'amende. — Enjoignons aux Maires & Echevins des Communautés de veiller exactement aux contraventions qui pourroient être faites à notre présente Ordonnance; & aux Ingénieurs, Sous-Ingénieurs, & Commis des Ponts & Chaussées d'en dresser leurs procès-verbaux, sur lesquels Nous nous réservons de statuer ainsi qu'il appartiendra, tant contre les contrevenants que contre les Maires & Echevins qui auroient négligé de nous en avertir.

**16 décembre 1759**
Arrêt du Conseil d'État

..... Le Roi étant en son conseil a ordonné et ordonne que les Réglements faits pour la plantation des grands chemins, seront exécutés selon leur forme et teneur; en conséquence, fait Sa Majesté très-expresses inhibitions et défenses à tous pâtres et autres gardes et conducteurs de bestiaux, de les conduire en pâturage ou de les laisser répandre sur les bords des grands chemins plantés, soit d'arbres, soit de haies d'épines, ou autres, à peine de confiscation des bestiaux et de **cent livres d'amende**, de laquelle amende les maîtres, pères, chefs de famille & propriétaires de bestiaux seront & demeureront civilement responsables.

**4 novembre 1761**
Ordonnance de l'Intendant
du Comté de Bourgogne

..... Nous défendons à toutes personnes de dégrader ni de causer aucunes détériorations aux Ponts, de quelque manière que ce puisse être, à peine de **trois cens livres d'amende**, dont un tiers au profit du dénonciateur, et en outre de tous les dépens, dommages et intérêts; et afin de connoître les auteurs de pareils délits, ordonnons aux Ingénieurs, Sous-Ingénieurs, Commis & autres Employés au Service des Ponts & Chaussées de cette Province, & aux Maires & Echevins des Villes & Communautés qui s'en trouveront le plus à portée, d'y veiller, et de donner leurs rapports des accidents et détériorations qui pourroient arriver par le flottage des bois en radeaux, trains, coupons et autres, d'en faire débarrasser au plutôt lesdits Ponts aux frais desdits Propriétaires, & de les confier à la garde de ceux qui les auront retirés pour sûreté de leur payement & des réparations qu'il conviendra faire.

**27 février 1765**
Arrêt du Conseil d'-Etat

...... Le Roi étant en son conseil, a ordonné et ordonne que, conformément à ce qui se pratique au bureau des finances de la généralité de Paris, tant Sa Majesté a confirmé et confirme l'ordonnance du 29 mars 1754, art. 4 § 12, les alignements pour constructions ou reconstructions de maisons, édifices ou bâtiments généralement quelconques, en tout ou en partie, étant le long et joignant les Routes construites par ses ordres, soit dans les traverses des villes, bourgs et villages, soit en pleine campagne, ainsi que les permissions pour toute espèce d'ouvrages aux faces desdites maisons, édifices et bâtiments, et pour établissement d'échoppes ou choses saillantes le long desdites routes, ne pourront être donnés en aucun cas par autre que par les trésoriers de France, commissaires de Sa Majesté pour les ponts et chaussées en chaque généralité, ou, à leur défaut et en leur absence, par un autre trésorier de France de ladite généralité qui serait présent sur les lieux et pour ce requis ; le tout sans frais, et en se conformant par eux aux plans levés et arrêtés par les ordres de Sa Majesté, qui sont ou seront déposés par la suite au greffe du Bureau des Finances de leur-généralité : et dans le cas où les plans ne seraient pas encore déposés audit greffe, veut Sa Majesté qu'avant de donner lesdits alignements ou permissions, lesdits trésoriers de France, commissaires de Sa Majesté, ou autres à leur défaut, se fassent remettre un rapport circonstancié de l'état des lieux par l'ingénieur ou l'un des sous-ingénieurs des ponts & chaussées de ladite généralité, et que dudit alignement ou de ladite permission il soit déposé minute au greffe dudit bureau des finances, à laquelle ledit rapport sera et demeurera annexé. — Fait Sa Majesté défenses à tous particuliers, propriétaires ou autres, de construire, reconstruire ou réparer aucuns édifices, poser échoppes ou choses saillantes le long desdites routes, sans en avoir obtenu les alignements ou permissions desdits trésoriers de France, commissaires de Sa Majesté, ou, dans le cas ci-dessus spécifié, d'un autre trésorier de France dudit bureau des finances, **à peine de démolition desdits ouvrages**, confiscation des matériaux et de **trois cents livres d'amende**, et contre les maçons, charpentiers et ouvriers, de pareille amende, et même de plus grande peine en cas de récidive. — Fait pareillement Sa Majesté défense à tous autres, sous quelque prétexte et à quelque titre que ce soit, de donner lesdits alignements et permissions, à peine de répondre en leur propre et privé nom des condamnations prononcées contre les particuliers, propriétaires, locataires et ouvriers qui seront, en cas de contravention, poursuivis à la requête des procureurs de Sa Majesté auxdits bureaux des finances, et punis suivant l'exigence du cas ......

**5 avril 1772**
Arrêt du Conseil du Roi

Art. 1er. — Les règlements précédemment faits concernant l'ouverture des carrières, seront exécutés selon leur forme et teneur : aucune carrière de pierre de taille, moellon, grès, et autres fouilles pour tirer de la marne, glaise ou sable, ne pourra être ouverte qu'à trente toises (58m 47) de distance du pied des arbres plantés au long des grandes routes, et ne pourront les entrepreneurs desdites carrières, pousser aucune fouille ou galerie souterraine du côté desdites routes, à moins de trente toises (58m,47) de distance desdites plantations ou des bords extérieurs desdites routes, conformément aux dispositions de l'arrêt du Conseil du 14 mars 1741, et de l'ordonnance du bureau des finances du 29 mars 1754, concernant la police générale des chemins.

..............................................................................

Art. 6. — Défend Sa Majesté à tous voituriers de pierres, moellons, grès et autres matériaux provenant des carrières, de se frayer d'autres passages pour aborder les grands chemins, que ceux qui auront été ainsi disposés pour leur usage, à peine de cinq cents livres d'amende et de confiscation desdits matériaux, desquelles amendes ils seront tenus solidairement avec les propriétaires et entrepreneurs desdites carrières ; comme aussi de toute dégradation arrivée par leur fait aux berges, fossés, plantations et accotements desdites routes .......

**26 décembre 1787**
Ordonnance de l'Intendant
du Comté de Bourgogne

...... Ordonnons qu'à l'avenir les propriétaires et exploitateurs des forêts situées sur les montagnes bordant les routes, ne pourront établir et faire usage de glissoires, pour faire descendre les bois sur la route, qu'en plaçant au bas de ces glissoires deux manœuvres, tant pour prévenir les voyageurs, que pour avertir les coupeurs, ou autres ouvriers, de suspendre le jet des bois jusqu'après le passage desdits voyageurs, ainsi que pour en ranger les pièces à fur et à mesure, déblayer le bas des talus des côtes, et rejeter du côté opposé les tas de pierres, rocailles et terre qui auront roulé avec lesdits bois, et entretenir la route en bon état, le tout sous peine, contre chaque contrevenant, de demeurer responsable de tous dommages et intérêts, de confiscation desdits bois jetés, sans les précautions ci-dessus prescrites, ou qui se trouveront sur la route, et en outre de 300ff d'amende, applicables, pour moitié, au profit des dénonciateurs.

**19-22 Juillet 1791**
Loi.

Art. 18. — Le refus ou la négligence d'exécuter les règlements de voirie, ou d'obéir à la sommation de réparer ou démolir les édifices menaçant ruine sur la voie publique, seront, outre les frais de la démolition ou de la réparation de ces édifices, punis d'une amende de la moitié de la contribution mobilière, laquelle amende ne pourra être au dessous de six livres (Voir ci-après le Décret du 31 juillet 1806)

**2 septembre - 6 octobre 1791**
Loi.

Art. 40. — Les cultivateurs ou tous autres qui auront dégradé ou détérioré, de quelque manière que ce soit, des chemins publics ou usurpé sur leur largeur, seront condamnés à la réparation ou à la restitution, et à une amende qui ne pourra être moindre de trois livres, ni excéder vingt-quatre livres.

Art. 43. — Quiconque aura coupé ou détérioré des arbres plantés sur les routes, sera condamné à une amende du triple de la valeur des arbres et à une détention qui ne pourra excéder six mois.

9 ventôse an XIII (28 février 1805). – Loi.

Art. 5. – Dans les grandes routes dont la largeur ne permettra pas de planter sur le terrain appartenant à l'État, lorsque le particulier riverain voudra planter des arbres sur son propre terrain, à moins de six mètres de distance de la Route, il sera tenu de demander et d'obtenir l'alignement à suivre de la préfecture du département ; dans ce cas, le propriétaire n'aura besoin d'aucune autorisation particulière pour disposer entièrement des arbres qu'il aura plantés.

31 juillet 1806
Décret Impérial. –

Art. 1er. – Dans les lieux où il n'est point imposé de contribution mobilière, les amendes déterminées par les lois d'après la contribution mobilière sont réglées ainsi qu'il suit :

Art. 2. – Lorsque les lois prononcent une amende du quart, du tiers, de la moitié ou de la totalité de la contribution mobilière des délinquans, les juges les condamneront à une amende depuis trois francs jusqu'à deux cents francs.

16 décembre 1811
Décret Impérial

Art. 97. – Tous particuliers ou communes au lieu et place desquels il aura été effectué des plantations, en vertu des deux articles précédents, seront condamnés à l'amende d'un franc par pied d'arbre que l'administration aura planté à leur défaut ; et ce indépendamment du remboursement de tous les frais de plantation.

Art. 101. – Tout propriétaire qui sera reconnu avoir coupé, sans autorisation, arraché ou fait périr les arbres plantés sur son terrain, sera condamné à une amende égale à la triple valeur de l'arbre détruit.

Art. 105. – Les particuliers ne pourront procéder à l'élagage des arbres qui leur appartiendraient sur les grandes routes, qu'aux époques et suivant les indications contenues dans l'arrêté du préfet, et toujours sous la surveillance des agents des ponts et chaussées, sous peines de poursuites comme coupables de dommages causés aux plantations des routes.

23 mars 1842
Loi. –

Art. 1er. – À dater de la promulgation de la présente loi, les amendes fixes établies par les règlements de grande voirie antérieurs à la loi des 19-22 juillet 1791, pourront être modérées, en égard au degré d'importance ou aux circonstances atténuantes des délits, jusqu'au vingtième desdites amendes, sans toutefois que ce minimum puisse descendre au dessous de 16 frs.

À dater de la même époque, les amendes dont le taux, d'après ces règlements, était laissé à l'arbitraire du juge, pourront varier entre un minimum de 16 fr. et un maximum de 300 frs

## 2° Compétence & Juridiction

7 - 14 Octobre 1790
Décret.

Art. 1er. — L'administration, en matière de grande voirie, attribuée aux corps administratifs par l'article 6 du titre XIV du décret du 6-7 septembre 1790 sur l'organisation judiciaire, comprend, dans toute l'étendue du royaume, l'alignement des rues des villes, bourgs et villages qui servent de grandes routes.

19 - 22 Juillet 1791
Loi

Art. 29, §2. — Sont également confirmés provisoirement les réglements qui subsistent touchant la voirie, ainsi que ceux actuellement existants à l'égard de la construction des bâtiments, et relatifs à leur solidité et sûreté, sans que, de la présente disposition, il puisse résulter la conservation des attributions ci-devant faites sur cet objet à des tribunaux particuliers.

29 floréal an X
(19 mai 1802)
Loi.

Art. 1er. — Les contraventions en matière de grande voirie, telles qu'anticipations, dépôts de fumiers ou d'autres objets, et toutes espèces de détériorations commises sur les grandes routes, sur les arbres qui les bordent, sur les fossés, ouvrages d'art et matériaux destinés à leur entretien, sur les canaux, fleuves et rivières navigables, leurs chemins de halage, francs-bords, fossés et ouvrages d'art, seront constatées, réprimées et poursuivies par voie administrative.

Art. 2. — Les contraventions seront constatées concurremment par les maires ou adjoints, les ingénieurs des ponts et chaussées, leurs conducteurs, les agents de la navigation, les commissaires de police, et par la gendarmerie : à cet effet, ceux des fonctionnaires publics ci-dessus désignés qui n'ont pas prêté serment en justice, le prêteront devant le préfet.

Art. 3. — Les procès-verbaux sur les contraventions seront adressés au sous-préfet, qui ordonnera, par provision, et sauf le recours au préfet, ce que de droit, pour faire cesser le dommage.

Art. 4. — Il sera statué définitivement en conseil de préfecture. Les arrêtés seront exécutés sans visa ni mandement des tribunaux, nonobstant et sauf tout recours ; et les individus condamnés seront contraints par l'envoi de garnisaires et saisie de meubles, en vertu desdits arrêtés, qui seront exécutoires et emporteront hypothèque.

13 frimaire an XI
(4 décembre 1802)
Instructions du Conseiller d'État chargé de l'administration des Ponts & Chaussées

...... la police de la conservation des routes, qui consiste dans l'application des peines n'appartient plus aux tribunaux ; la répression des contraventions en matière de grande voirie est attribuée aujourd'hui à l'autorité administrative, qui était chargée seulement, par les lois des 14 et 22 décembre 1789 et 11 septembre 1790, de constater les délits, et d'en poursuivre la punition devant les tribunaux.

Le conseil de préfecture doit appliquer les peines pécuniaires, en prononçant sur les amendes encourues par les contrevenants, comme sur les indemnités, restitutions et réparations auxquelles les contraventions peuvent donner lieu.

Dans le cas où les contraventions de voirie constituent un délit soumis à la peine corporelle et d'emprisonnement, comme dans les cas prévus par les articles 43 et 44 de la loi du 2 septembre 1791, concernant les biens et usages ruraux et la police rurale, ce n'est pas une raison qui empêche l'autorité administrative de connaître de la contravention; elle ne doit pas moins prononcer alors les dispositions qui sont de sa compétence, c'est-à-dire, en ce qui concerne la peine pécuniaire, sauf à renvoyer les contrevenants ou délinquants devant le tribunal correctionnel, pour l'application de la peine corporelle.

La loi du 29 floréal ne s'étant pas expliquée sur les peines, on doit se conformer aux lois antérieures.

16 décembre 1811
Décret Impérial

Art. 112. — A dater de la publication du présent décret, les cantonniers, gendarmes, gardes champêtres, conducteurs des ponts & chaussées, et autres agents appelés à la surveillance de la police des routes, pourront affirmer leurs procès-verbaux de contraventions ou de délits devant le maire ou l'adjoint du lieu.

Art. 113. — Ces procès-verbaux seront adressés au sous-préfet, qui ordonnera sur-le-champ, aux termes des articles 3 et 4 de la loi du 29 floréal an X, la réparation des délits par les délinquants, ou à leur charge, s'il s'agit de dégradations, dépôts de fumiers, immondices ou autres substances, et en rendra compte au préfet en lui adressant les procès-verbaux.

Art. 114. — Il sera statué sans délai, par les conseils de préfecture, tant sur les oppositions qui auraient été formées par les délinquants, que sur les amendes encourues par eux, nonobstant la réparation du dommage.

Seront, en outre, renvoyés à la connaissance des tribunaux les violences, vols de matériaux, voies de fait, ou réparations de dommages réclamés par des particuliers.

Dressé par l'Ingénieur en chef
du département du Doubs,
Besançon, le 1er Mars 1863

Ch. Berthelin